Actividades para antes y después de leer:

Enfoque de la enseñanza:
Conceptos de impresión: Pida a los estudiantes que busquen las letras mayúsculas y la puntuación en una frase. Pida a los estudiantes que expliquen cuál es el propósito de usarlas en una frase.

Antes de leer:

Construcción del vocabulario académico y conocimiento del trasfondo
Antes de leer un libro, es importante que prepare a su hijo o estudiante usando estrategias de prelectura. Esto les ayudará a desarrollar su vocabulario, aumentar su comprensión de lectura y hacer conexiones durante el seguimiento al plan de estudios.
1. Lea el título y mire la portada. *Haga predicciones acerca de lo que tratará este libro.*
2. Haga un «recorrido con imágenes», hablando de los dibujos/fotografías en el libro. Implante el vocabulario mientras hace el recorrido con las imágenes. Asegúrese de hablar de características del texto tales como los encabezados, el índice, el glosario, las palabras en negrita, los subtítulos, los gráficos/diagramas o el índice analítico.
3. Pida a los estudiantes que lean la primera página del texto con usted y luego haga que lean el texto restante.
4. Charla sobre la estrategia: úsela para ayudar a los estudiantes mientras leen.
   - Prepara tu boca
   - Mira la foto
   - Piensa: ¿tiene sentido?
   - Piensa: ¿se ve bien?
   - Piensa: ¿suena bien?
   - Desmenúzalo buscando una parte que conozcas
5. Léalo de nuevo.

Área de contenido Vocabulario
Utilice palabras del glosario en una frase.

bocina
letreros
taxímetro
taxista

Después de leer:

Actividad de comprensión y extensión
Después de leer el libro, trabaje en las siguientes preguntas con su hijo o estudiantes para comprobar su nivel de comprensión de lectura y dominio del contenido.
1. ¿Para qué le sirve un teléfono celular a un taxista? *(Resuma)*.
2. ¿Qué te dice el taxímetro de un taxi? *(Haga preguntas)*.
3. ¿Las fotos te ayudaron a entender cómo sería viajar en un taxi? *(Texto para conectar con uno mismo)*.
4. ¿Qué haces al final de tu viaje en taxi? *(Haga preguntas)*.

Actividad de extensión
¡Sé tu propio taxista! Pretende ser un taxista con algunos amigos y deja que cada uno de ellos suba a tu taxi. ¡No olvides hacer todas las cosas que hace el taxista del libro!

Índice

Toma un taxi 4
De camino 8
Partes de un taxi 10
Glosario fotográfico 23
Índice analítico 24
Sitios web 24
Sobre la autora 24

Toma un taxi
Listo para irme
¿Cómo llegaré?

Ya sé. Tomaré un taxi. El **taxista** se detiene.

De camino

—¿A dónde vas? —pregunta.
—Al zoológico —respondo.

Partes de un taxi

Él enciende un **taxímetro**. El taxímetro me dice cuánto cuesta el viaje.

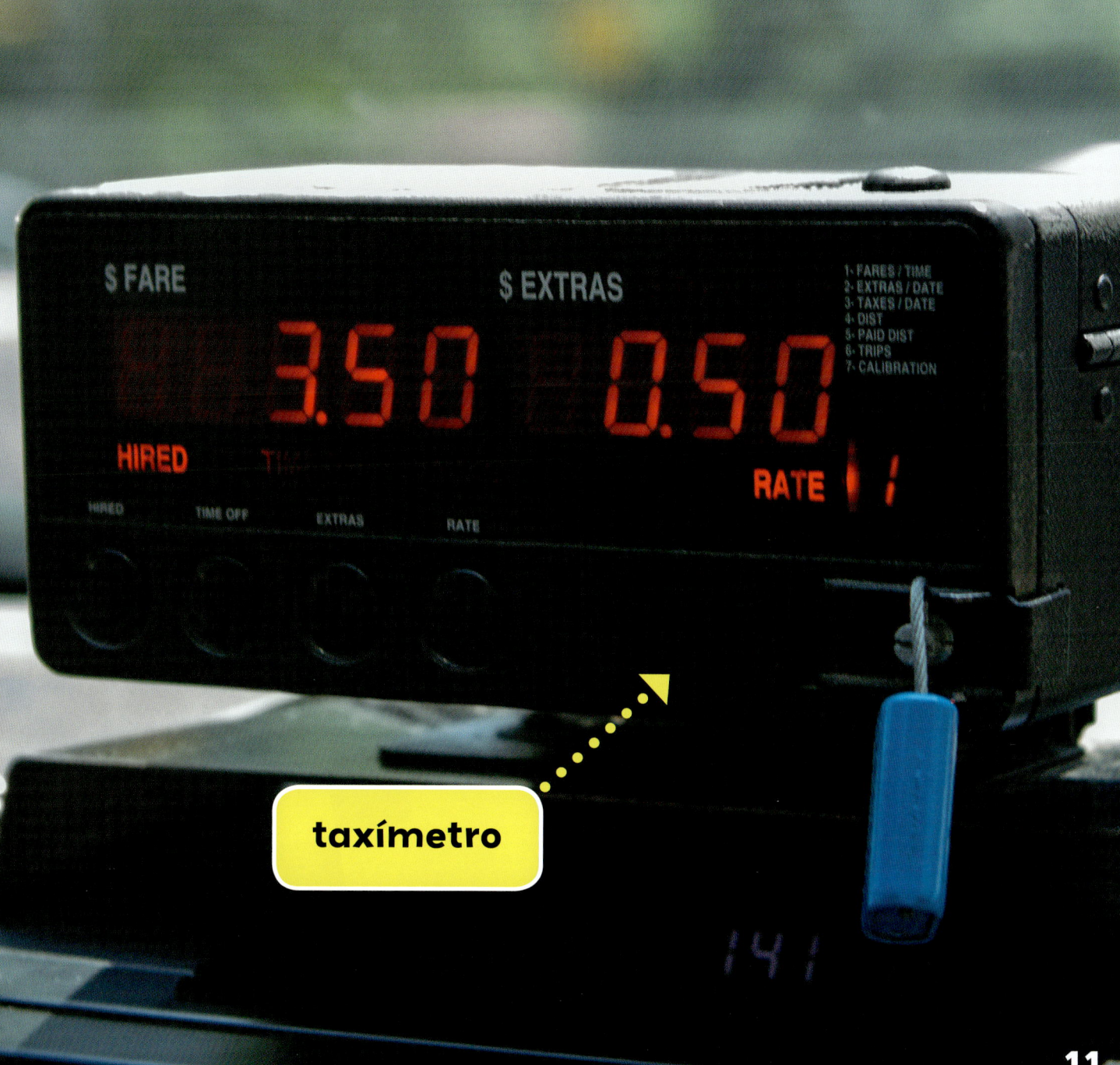

Me siento atrás. *¡Pii, pii!* El taxista toca la **bocina**.

¡Pii! ¡Pii!

bocina

El taxista usa un teléfono celular para mapear el camino y hablar con otros taxistas.

Los taxis pueden ser de cualquier color. Muchos son amarillos o negros.

Cada taxi tiene un número. Muchos taxis tienen **letreros** arriba.

¡Hurra! Llegué.
—Cinco dólares, por favor
—dice el taxista.

Le pago y me bajo
¡A visitar el zoológico!

Índice analítico

bocina: 12, 13

número: 18

taxímetro: 10, 11

taxista(s): 6, 7, 12, 14, 20

Sitios web (páginas en inglés)

www.learn4good.com/games/driving.htm

www.knowledgeadventure.com/games/crazy-taxi

www.androidappsgame.com/taxi-car-games-for-little-kids

Sobre la autora

Alex Summers disfruta de todas las formas de transporte, especialmente si la están llevando a sitios en los que nunca ha estado o no ha visto. ¡Le encanta viajar, leer, escribir y soñar con todos los lugares que visitará algún día!

¡Conoce a la autora! (Página en inglés). www.meetREMauthors.com

Library of Congress PCN Data

Taxi / Alex Summers
(¡El transporte y yo!)
ISBN 978-1-64156-004-7 (soft cover - spanish)
ISBN 978-1-64156-085-6 (e-Book - spanish)
ISBN 978-1-68342-161-0 (hard cover - english)
ISBN 978-1-68342-203-7 (soft cover - english)
ISBN 978-1-68342-230-3 (e-Book - english)
Library of Congress Control Number: 2016956590

Rourke Educational Media
Printed in China, Printplus Limited,
Guangdong Province

© 2018 Rourke Educational Media

All rights reserved. No part of this book may be reproduced or utilized in any form or by any means, electronic or mechanical including photocopying, recording, or by any information storage and retrieval system without permission in writing from the publisher.

www.rourkeeducationalmedia.com

Editado por: Keli Sipperley
Diseño de tapa por: Tara Raymo
Diseño de interiores por: Rhea Magaro-Wallace
Traducción: Santiago Ochoa
Edición en español: Base Tres

Photo Credits: Cover: ©leezsnow; ©zagar; Page 5a, 6, 22: ©michaeljung; page 5b: ©Oleksander Perpelytsia; page 5c: ©Nerthuz; page 5d: ©tarasov_vl; page 7, 9: ©andreser; page 11: ©Fabio Lavarone; page 13: ©bizoo_n; page 15: ©Rostislav_Sedlacek; page 17: ©viewfinder; page 19: ©MikeDotta; page 21: ©baranozdemir; page 22: ©Lya_Cattel

Glosario fotográfico:

bocina: una bocina es un aparato que emite una señal al hacer un ruido fuerte.

letreros: los letreros le cuentan a la gente algo sobre un negocio o servicio.

taxímetro: un taxímetro te muestra cuánto dinero te cobrarán por milla.

taxista: persona que conduce un taxi.